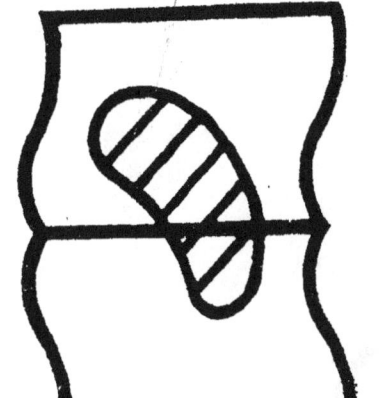

Illisibilité partielle

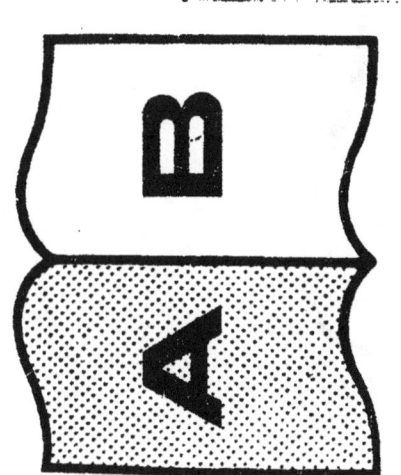

Contraste insuffisant
NF Z 43-120-14

VALABLE POUR TOUT OU PARTIE DU DOCUMENT REPRODUIT.

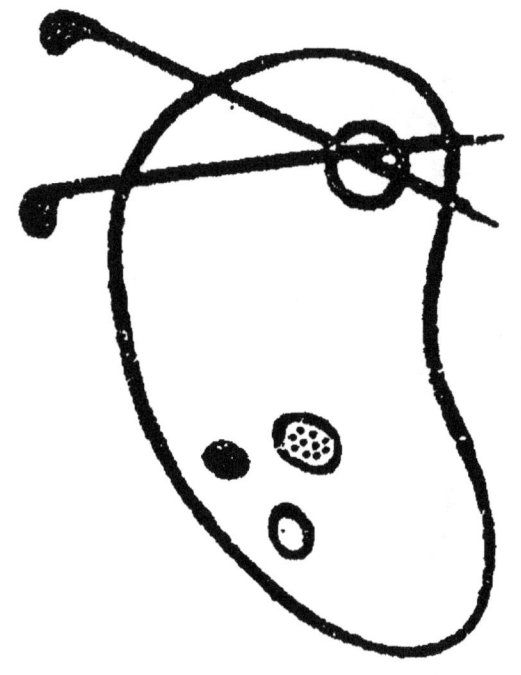

Couvertures supérieure et inférieure en couleur

JULES SOURY

Directeur-Adjoint à l'École Pratique des Hautes-Études

DIOGÈNE D'APOLLONIE

PARIS

BUREAUX DE LA *REVUE SCIENTIFIQUE*

19, RUE DES SAINTS-PÈRES, 19

1898

REVUE SCIENTIFIQUE

Directeur : M. Charles RICHET

TRENTE-CINQUIÈME ANNÉE — 1898

Chaque livraison paraissant le samedi matin, contient
64 colonnes de texte.

Prix de la livraison : **60** centimes

Prix d'Abonnement :

	Six mois :	Un an :
Paris	15 fr.	25 fr.
Départements et Alsace . . .	18 fr.	30 fr.
Étranger	20 fr.	35 fr.

L'abonnement part du 1ᵉʳ de chaque mois

ADMINISTRATION ET RÉDACTION :

PARIS. — 19, rue des Saints-Pères

DIOGÈNE D'APOLLONIE

EXTRAIT DE LA REVUE SCIENTIFIQUE
7 Mai 1898

JULES SOURY

Directeur-Adjoint à l'École Pratique des Hautes-Études

DIOGÈNE D'APOLLONIE

PARIS

BUREAUX DE LA *REVUE SCIENTIFIQUE*

19, RUE DES SAINTS-PÈRES, 19

1898

DIOGÈNE D'APOLLONIE

Diogène d'Apollonie, en Crète, contemporain d'Anaxagore, quoique plus jeune, d'Hippon et de Démocrite, est un des plus beaux génies qui aient continué les traditions de la vieille école d'Ionie et reproduit, non sans un mélange d'esprit éclectique, les théories des physiologues de Milet. Outre ces théories, il a aussi, au dire de Théophraste, résumé et présenté la synthèse des travaux contemporains d'Anaxagore et de Leucippe (1). Mais c'est à Anaximène qu'il a emprunté non seulement son principe matériel des choses, mais sa conception foncièrement hylozoïste de l'univers.

Anaximène de Milet, qui vécut à la fin du vi⁰ et au commencement du v⁰ siècle, avait admis, on le sait, que l'air était le principe des choses, d'où tout vient à l'existence, pour y retourner après dissolution : Ἀναξιμένης δὲ ὁ Μιλήσιος ἀρχὴ τῶν ὄντων ἀέρα ἀπεφήνατο· ἐκ γὰρ τούτου τὰ πάντα γίνεσθαι, καὶ εἰς αὐτὸν πάλιν ἀνα-

---

(1) Théophraste. *Opera* (F. Wimmer), fragm. XLI. Cf. Simplicius in Arist. *Phys.*, fol. 6 a. Diogène de Laerte, IX, 57, appelle Diogène ἀνὴρ φυσικός. Démocrite fut le dernier de la grande famille de ces physiciens hellènes.

λύεσθαι (1). Ainsi que chez les autres physiciens de l'Ionie, la vie, l'âme et l'intelligence des êtres vivants (et tout est vivant dans la nature, selon les idées hylozoïstes) n'ont point d'autre origine que cette matière première : « Telle est notre âme, qui est de l'air », doctrine très ancienne dans le monde sémitique comme dans l'Hellade, née certainement de la considération des conditions physiques de la respiration pour la continuité de la vie des plantes et des animaux. Chez l'homme et les autres mammifères, l'air, inspiré et expiré à chaque instant, sous peine de cessation immédiate de la vie, sembla être la cause principale de l'existence et de l'entretien des corps (2). En hébreu, le mot âme (*nephesch*) signifie proprement respiration, souffle de vie (3). ANAXIMÈNE paraît avoir quelquefois employé comme synonymes ἀήρ et πνεῦμα. De l'air, éternel, infini, comme le principe d'ANAXIMANDRE (4), sont donc sortis, par condensation et raréfaction, la terre, l'eau, le feu et tout le reste. SIMPLICIUS énumère dans l'ordre suivant cette genèse : l'air s'étant raréfié, le feu fut produit ; condensé, le vent, les nuées, l'eau, la terre, les pierres, et tout ce qui en est sorti (5). HIPPOLYTE (6) avait recueilli cette cosmologie sous la forme

---

(1) PSEUDO-PLUTARQUE. *Plac.* I, 3.

(2) C'est le sens que nous paraît surtout avoir συγκρατεῖν dans ce texte: οἷον ἡ ψυχὴ (φησὶν) ἡ ἡμετέρα, ἀὴρ οὖσα, συγκρατεῖ ἡμᾶς, καὶ ὅλον τὸν κόσμον πνεῦμα καὶ ἀὴρ περιέχει. *Plac.* I, 3. STOB., *Ecl. phys.*, I, x, 296. Cf. ARIST., *Met.*, I, III.

(3) Les ombres qui peuplent le monde souterrain de l'Hadès des Hébreux, le schéôl, paraissent encore plus vagues que celles de l'Hadès grec et de l'Orcus latin.

(4) DIOGÈNE DE LAERTE, II, 3. Οὗτος ἀρχὴν ἀέρα εἶπε καὶ τὸ ἄπειρον. Cf. Eus., *Præp. ev.*, I, 8.

(5) SIMPLICIUS in ARIST. *Phys.*, fol. 32.

(6) HIPPOL. *Refut.*, I, VII. Ἀέρα ἄπειρον ἔφη τὴν ἀρχὴν εἶναι, ἐξ οὗ τὰ γενόμενα, τὰ γεγονότα καὶ τὰ ἐσόμενα, καὶ θεοὺς καὶ θεῖα

suivante, qui ne manque pas de grandeur : L'air infini est le principe des choses ; c'est de l'air que sont venues toutes les choses qui sont, qui ont été et qui seront ; les dieux et les choses divines ont même origine, ainsi que tout le reste. La forme de l'air, qui échappe à la vue, lorsqu'il est uniformément uni, se manifeste par le froid, par le chaud, par l'humide et par le mouvement ; car il est éternellement en mouvement (κινεῖσθαι δὲ ἀεί) (1). Car tout ce qui change et se transforme ne peut se transformer et changer sans mouvement (οὐ γὰρ μεταβάλλειν ὅσα μεταβάλλει, εἰ μὴ κινοῖτο). L'air apparaît donc différent selon qu'il est dense ou rare. Lorsqu'il a atteint une certaine raréfaction, le feu existe ; à un degré moyen de condensation, de l'air résulte, par un mouvement circulaire, la nuée ; de l'air plus condensé, l'eau ; plus condensé encore, la terre, et enfin au plus grand degré de condensation, les pierres. Comme principes primordiaux de la genèse des choses : les contraires, le chaud et le froid (2). La terre, plate, est portée par l'air ; il en est de même du soleil, de la lune et des autres astres (3). Les étoiles sont nées de la terre, d'où une vapeur humide s'étant élevée

γίνεσθαι, τὰ δὲ λοιπὰ ἐκ τῶν τούτου ἀπογόνων, etc., πυκνούμενον γὰρ καὶ ἀραιούμενον διάφερον φαίνεσθαι.

(1) Cf. Plut. dans Eus., *Præp. ev.*, I, viii, τήν γε μὲν κίνησιν ἐξ αἰῶνος ὑπάρχειν. Simplicius in Arist. *Phys.*, fol. 6, κίνησιν δὲ καὶ οὗτος ἀΐδιον ποιεῖ, δι' ἣν καὶ τὴν μεταβολὴν γίγνεσθαι.

(2) Plut., *de Prim. Frig.*, c. 7, τὸ γὰρ συστελλόμενον αὐτῆς [τῆς ὕλης] καὶ πυκνούμενον ψυχρὸν εἶναί φησι, τὸ δὲ ἀραιὸν καὶ τὸ χαλαρόν, ... θερμόν. Ainsi, la contraction et la condensation de l'air, voilà le froid ; sa dilatation et sa raréfaction, la chaleur.

(3) Le soleil est donc une terre qui doit sa chaleur à la vitesse du mouvement qui l'anime. Plut. dans Eus., *Præp. ev.*, I, viii, ἀποφαίνεται γοῦν τὸν ἥλιον γῆν, διὰ δὲ τὴν ὀξεῖαν κίνησιν καὶ μάλα ἱκανῶς θερμοτάτην κίνησιν [φύσιν] λαβεῖν.

et s'étant raréfiée, le feu exista ; et, du feu s'élevant dans les hauteurs, se formèrent les étoiles. Il y a donc, dans la région des étoiles, des choses de la nature de la terre (εἶναι δὲ καὶ γεώδεις φύσεις ἐν τῷ τόπῳ τῶν ἀστέρων), qui sont emportées avec elles. Ce n'est point au-dessus, mais autour de la terre, que les astres accomplissent leurs révolutions. Les étoiles ne nous envoient aucune chaleur à cause de la grande distance où elles sont.

Ainsi, l'air, principe des choses, selon ANAXIMÈNE, comme l'eau ou le feu pour THALÈS ou HÉRACLITE, est infini et éternellement en mouvement : la terre, l'eau, le feu, et les astres, et les dieux, et tout ce qui est sorti, par condensation et raréfaction, de l'être, sont nés dans le temps et finis. Loin d'être les parents de l'air, les dieux en sont les enfants. Les dieux n'ont pas créé l'air, ils ont été formés, comme le reste de l'univers animé et vivant, par l'air qui pénètre, soutient et entretient toute chose. C'est la même conception du divin et des choses divines (καὶ θεοὺς καὶ θεῖα) que chez THALÈS et chez ANAXIMANDRE. Aucun de ces penseurs, on ne saurait trop y insister pour l'histoire des idées religieuses de certaines parties de l'humanité, n'a eu la notion d'un être de nature spirituelle, antérieur ou extérieur à l'univers, fait d'une autre substance (1). Il n'existe qu'un être vivant, le monde ; la terre, la mer, les végétaux et les animaux, le soleil, la lune et les étoiles, n'ont pas toujours été, ils ne seront pas toujours. Un uni-

---

(1) Il était bien inutile de nous mettre en garde, comme l'a cru devoir faire MULLACH, contre les hypothèses de CICÉRON et d'AUGUSTIN, d'après lesquelles DIOGÈNE d'Apollonie aurait fait de l'air atmosphérique des divinités ou lui aurait attribué une raison divine.

vers fera place à un autre univers ; car les mondes n'échappent pas plus que les individus à la loi de la production et de la destruction ; et tout être éprouve à son heure les effets de la vétusté. Seule, la substance des choses, la matière, quelle qu'elle soit, eau, air, feu, demeure et persiste éternellement.

Il nous paraît, comme à Édouard Zeller, que l'on surprend, dans les idées d'Anaximène, l'influence des doctrines d'Anaximandre. Mais ce n'est pas plus Anaximandre qu'Anaximène qui a le premier enseigné que la substance de l'univers, quelle qu'elle soit, est infinie, vivante et éternellement en mouvement. A l'idée, un peu vague pour nous, du principe des choses d'Anaximandre, Anaximène a substitué celle d'une matière déterminée, l'air, dont les choses sont nées, non par séparation des contraires, mais en vertu de phénomènes de condensation et de raréfaction. Néanmoins, l'opposition qu'a signalée Anaximène entre le chaud et le froid ; la forme qu'il donne à la terre et aux astres ; ce qu'il dit des phénomènes atmosphériques, des dieux, etc., témoigne bien de la parenté de sa cosmologie avec celle de son précurseur, Anaximandre de Milet. Mais ce n'est pas seulement à Anaximandre, c'est aussi à Thalès qu'Anaximène se rattache : avec Thalès, il pose pour principe des choses une substance déterminée qualitativement ; il reconnaît, avec Anaximandre, l'infinité et la vie immanente de cette matière. La pensée philosophique a, chez Anaximène, plus de précision et de clarté. La cause du mouvement, dont Aristote reproche toujours l'oubli aux anciens physiologues, reproche absolument injuste, est nettement indiquée, et pour la première fois, aurait dit Théophraste lui-même, d'après le témoignage de Simplicrus (1) : cette cause motrice de l'univers, « où rien ne change ni ne se transforme sans mouvement », ce sont les phénomènes, alternatifs ou successifs, ou simultanés sur divers points de l'espace, de condensation ou de raréfaction de la substance même de l'univers, de l'air. Les processus de génération et de destruction des choses dérivent de cette propriété de la matière (2). La théorie de la *condensation* et de la *raréfaction*, la théorie de la πύκνωσις et de la μάνωσις ou ἀραίωσις, est en tout cas plus en accord avec une physique générale du monde que les hypothèses mythologiques ou cosmogoniques de l'Amitié et de la Haine, pour ne parler que des causes motrices de la philosophie d'Empédocle d'Agrigente. Avec le bon historien de la philosophie Ueberweg, on doit reconnaître qu'Anaximène a ouvert une voie vraiment royale aux physiologues postérieurs. Ceux-ci, sans être toujours ioniens, se rapprocheront pourtant toujours davantage de cette grande école de toute philosophie naturelle, l'école d'Ionie. Diogène d'Apollonie ne fera, comme Idæos d'Himéra et Archelaus, le disciple d'Anaxagore, que renouveler les théories d'Anaximène.

Ainsi qu'Anaximène, Diogène d'Apollonie a tenu l'air pour le principe unique des choses, pour la matière primordiale, éternelle, infinie, d'où tout sort et où tout retourne, au cours des changements ou transformations réalisés par les processus de *condensation* et de *raréfaction* (3). Rien ne peut venir du non-être,

---

(1) Simplicius in Arist. *Phys.*, fol. 32. Téophraste aurait, dit-on, composé un traité sur la doctrine d'Anaximène. Diog. de Laerte, V, 42. περὶ τῶν Ἀναξιμένους ἅ.

(2) Plut. dans Eus., *Præp. ev.*, L, VIII, Γεννᾶσθαι δὲ πάντα κατά τινα πύκνωσιν τούτου καὶ πάλιν ἀραίωσιν.

(3). Diog. de Laerte, IX, 57, τόν τε ἀέρα πυκνούμενον καὶ

ni se perdre ou se dissoudre dans le non-être. Οὐδὲν ἐκ τοῦ μὴ ὄντος γίνεσθαι, οὐδὲ εἰς τὸ μὴ ὂν φθείρεσθαι· « La terre, ronde, est établie au centre »; ses parties se sont rassemblées et unies sous l'action de la chaleur qui l'environne, concrétées et solidifiées sous l'influence du froid (1). En d'autres termes, dans le système du monde, le principe, la cause efficiente du mouvement est dans le chaud; le principe de la consistance ou de la solidité des corps est dans la matière froide et dense. Sous l'influence de la chaleur, le monde avait été emporté par un mouvement circulaire et la terre avait reçu ainsi sa forme arrondie.

ἀραιούμενον γεννητικὸν εἶναι τῶν κόσμων. Téophr. *Fragm.* XLI. Pour les processus de *condensation* et de *raréfaction* de l'air dans la *genèse* des choses. Ces processus constituent proprement la cause motrice de l'univers, le mouvement immanent à la matière, ἐξ οὗ πυκνουμένου καὶ μανουμένου καὶ μεταβάλλοντος τοῖς πάθεσι τὴν τῶν ἄλλων γίνεσθαι μορφήν. Ainsi, de la condensation et de la raréfaction de l'air et des changements ou modifications subis par l'air est résultée la forme ou la figure de tout ce qui existe. Cf. Plut. dans Eus., *Præp. ev.*, I, 8, 12. L'air est *infini* pour Diogène, comme il l'était pour Anaximène. Simplicius *in* Arist. Phys. 6, sans doute d'après Téophraste (*Fragm.* XLI): τὴν δὲ τοῦ παντὸς φύσιν ἀέρα καὶ αὐτός φησιν ἄπειρον εἶναι καὶ ἀΐδιον. Cf. encore Simpl., *ibid.*, fol. 32. Καὶ αὐτὸ μὲν τοῦτο καὶ ἀΐδιον καὶ ἀθάνατον σῶμα, τῶν δὲ τὰ μὲν γίνεται, τὰ δὲ ἀπολείπει. Ce corps, l'air, est éternel; il ne connaît pas la mort; tout le reste ne vient à l'existence que pour cesser d'exister après un temps.

(1) Diog. de Laerte, *ibid.*, τὴν γῆν στρογγύλην, ἐρηρεισμένην ἐν τῷ μέσῳ. C'est à la chaleur ambiante qu'il convient d'attribuer la forme ronde, c'est-à-dire cylindrique, non sphérique (Zeller, I, 225), de la terre, immobile au milieu de l'univers. Le soleil et les autres astres paraissaient à Diogène d'Apollonie de nature poreuse, analogue à la pierre ponce: le feu ou l'air enflammé en remplissait les pores. Les aérolithes sont des corps analogues, mais ils ne s'enflamment qu'en tombant. Archélaus faisait dériver le principe du mouvement de la séparation du chaud et du froid; le mouvement et le repos sont des états de la chaleur et du froid. Ainsi la terre est immobile et en repos au centre du monde, parce qu'elle est froide. Hipp., *Refut.*, I, 9.

Toutefois, chez Diogène comme chez Anaximène, la cause motrice de l'univers consiste uniquement dans les processus de raréfaction et de condensation de l'air (1), ou, ce qui revient au même, dans la chaleur et le froid, le sec et l'humide, le léger et le grave, gagnant, l'un les régions élevées, l'autre les régions inférieures (2). Et, quoique Diogène ait pu désigner l'air, entre tous les corps, comme le plus léger, λεπτότατον (3), il ne suit pas qu'il n'ait tenu pour la substance première que l'air le plus raréfié ou le plus chaud. Tout ce qu'il dit lui-même, après avoir posé l'air comme l'être primordial, c'est qu'il

---

(1) « Il n'est point question, dit Zeller, d'une pensée qui serait venue s'ajouter aux substances matérielles et les mettre en mouvement. » *Die Philos. der Griechen*, I, 224.

(2) Diogène d'Apollonie, *Fragm.* (Mullach), 6. Ἔστι γὰρ πολύτροπος καὶ θερμότερος καὶ ψυχρότερος καὶ ξηρότερος καὶ ὑγρότερος καὶ στασιμότερος καὶ ὀξυτέρην κίνησιν ἔχων, καὶ ἄλλαι πολλαὶ ἑτεροιώσιες ἔνεισι...

(3) Aristote. *De an.*, I., II, 15, Diogène d'Apollonie, dit Aristote, aussi bien que quelques autres, a cru que l'âme est de l'air parce qu'il pensait que l'air est de tous les corps le plus léger, et qu'il est le principe de tout, et que c'est pour cela que l'âme possède la *connaissance* et le *mouvement* (καὶ διὰ τοῦτο γινώσκειν τε καὶ κινεῖν τὴν ψυχήν); elle *connaît* en tant qu'elle est le principe premier (πρῶτον), et que tout le reste provient de ce principe; elle est motrice, en tant que les parties de ce principe sont les plus ténues (λεπτότατον, κινητικόν). — On voit, sans qu'il soit besoin d'insister, combien est superficielle l'hypothèse d'Aristote sur les motifs qui auraient déterminé Diogène d'Apollonie, et ceux qui étaient du même sentiment, à choisir l'air pour principe et substance de l'Être. Relativement à ce qui a trait à la cause motrice, il est inutile de faire observer que, en vertu des différents états de raréfaction et de condensation, tout élément serait aussi capable d'expliquer le mouvement que l'air atmosphérique. Ce qu'Aristote dit de la connaissance du principe premier ne manque pas, au contraire, d'exactitude et de pénétration. Cf. aussi *Met.*, I, III, 7 : « Anaximène et Diogène font l'air antérieur à l'eau et le considèrent essentiellement comme le principe des corps simples (ἀέρα... ἀρχὴν... τῶν ἁπλῶν σωμάτων). »

existe différentes sortes d'air, c'est-à-dire différents états de ce corps simple, et, par conséquent aussi, de pensée et d'intelligence correspondantes, états soit plus raréfiés ou plus chauds, soit plus denses ou plus froids. Mais il ne s'agit toujours que de l'air atmosphérique, de « ce qu'on nomme l'air (1) ». « Voilà l'air qui pénètre toute chose, qui constitue tout ce qui existe, qui est immanent à chaque partie de l'univers, et dont il n'est rien, absolument parlant, qui ne participe, encore que cette participation ne soit pas la même pour chaque être. Car il existe beaucoup de modes ou de variétés d'air et d'intelligence (2). »

Diogène s'imaginait la terre à l'origine, ainsi qu'Anaximandre, comme une masse molle et fluide qui, peu à peu, sous la chaleur du soleil, s'était solidifiée. Des vapeurs montant de la terre se serait formé, par raréfaction, le feu, qui est la substance des astres. « Les étoiles étaient nées des vapeurs humides. Cette doctrine, rapprochée de ce que dit Alexandre d'Aphrodisias, que le ciel s'était grossi des évaporations de la terre, autorise à supposer que, selon Diogène, le soleil seul s'était d'abord formé de l'air chaud poussé dans les régions supérieures, et que les étoiles ne s'étaient formées qu'ensuite des vapeurs développées par la chaleur du soleil, vapeurs employées aussi en partie à entretenir le soleil lui-même. Comme, dans chaque partie du

---

(1) *Fragm.* 6. Καί μοι δοκέει τὸ τὴν νόησιν ἔχον εἶναι ὁ ἀὴρ καλεόμενος ὑπὸ τῶν ἀνθρώπων.

(2) *Ibid.* ἀπὸ γάρ μοι τούτου [ἀέρος] δοκέει νόος εἶναι καὶ ἐπὶ πᾶν ἀφῖχθαι καὶ πάντα διατιθέναι καὶ ἐν παντὶ ἐνεῖναι. Καὶ οὐκ ἔστιν οὐδὲ ἕν, ὅ, τι μὴ μετέχοι τούτου, μετέχει δὲ οὐδὲ ἓν ὁμοίως τὸ ἕτερον τῷ ἑτέρῳ, ἀλλὰ πολλοὶ τρόποι καὶ αὐτοῦ τοῦ ἀέρος καὶ τῆς νοήσιός εἰσιν.

monde, cette nourriture s'épuise avec le temps, le soleil change de place comme un animal change de pâturages, du moins suivant la manière dont ALEXANDRE d'Aphrodisias expose l'opinion de DIOGÈNE d'Apollonie (1). »

Le reste des eaux primordiales de la terre avait formé la mer. DIOGÈNE expliquait la saveur salée de cette eau par l'évaporation des parties douces. Ce desséchement de la mer continuait, selon ANAXIMANDRE et DIOGÈNE, au témoignage d'ALEXANDRE d'Aphrodisias, commentant un passage de la *Météorologie* d'ARISTOTE (II, 1, 3), où le philosophe rapporte cette *Genèse* : A l'origine, les eaux primordiales couvraient tout l'espace autour de la terre : εἶναι γὰρ τὸ πρῶτον ὑγρὸν ἅπαντα τὸν περὶ τὴν γῆν τόπον. Sous l'influence du soleil, cette partie s'évapora; ce qui resta fut la mer : τὸ δὲ λειφθὲν θάλατταν εἶναι. La mer diminue et elle se dessèche constamment, jusqu'à ce qu'un jour elle soit tout à fait desséchée : καὶ τέλος ἔσεσθαί ποτε πᾶσαν ξηράν. Comme ANAXIMANDRE encore, HÉRACLITE et ANAXIMÈNE, DIOGÈNE admettait une continuelle alternative de formations et de destructions de mondes successifs. SIMPLICIUS, qui avait encore entre les mains le περὶ φύσεως de DIOGÈNE d'Apollonie, du moins en partie, car il ne paraît pas avoir connu le second livre de cet ouvrage, que cite GALIEN, en témoigne très nettement (2), tout en évoquant l'idée de périodicité qui nous a frappé chez HÉRACLITE. Aussi bien, la plupart des physiciens grecs, « ANAXIMANDRE, ANAXIMÈNE, ANAXAGORE, ARCHÉLAUS, DIOGÈNE d'Apollonie, LEUCIPPE », sans parler des stoïciens,

---

(1) ZELLER, I, 226.
(2) SIMPLICIUS *in* ARIST. *Phys.*, 257 b.

dont fait ici mention Stobée, parlent de la fin du monde (1).

Plantes et animaux sont nés de la terre sous l'action de la chaleur solaire. « L'eau s'étant putréfiée et s'étant mélangée avec la terre », les plantes, comme les animaux, furent formés par génération spontanée, d'après Diogène d'Apollonie (2). La variété et le nombre des êtres vivants correspondent à la diversité des changements ou transformations de la matière première, de l'air, si bien que, par l'effet de ces transformations sans nombre, ces êtres ne se ressemblent ni par la forme, ni par le genre de vie, ni par les sens ou par l'intelligence, encore que ce soit par le même principe, l'air, que tous vivent et voient et entendent, et que ce soit du même Être que tous tiennent leur intelligence si différente (3). L'hypothèse transformiste des êtres vivants est évidemment formulée dans ces paroles de Diogène. Quant aux différents facteurs de cette théorie, et surtout au principal, celui de la sélection naturelle, sous l'influence de la concurrence vitale et de l'adap-

---

(1) Stob., *Ecl. phys.*, I, 416., φθαρτὸν τὸν κόσμον.
(2) Théophr., *Hist. plant.*, III, 1, 4. Διογένης δὲ σηπομένου τοῦ ὕδατος καὶ μίξιν τινα λαμβάνοντος πρὸς τὴν γῆν... *Plac.*, II, 8, 1, καὶ τὰ ζῷα ἐκ τῆς γῆς. Cf. Stob., I, 398. Suivant Archélaus, les êtres vivants sont également sortis, par génération spontanée, du limon de la terre sous l'influence de la chaleur du soleil. Les premiers animaux vécurent peu de temps. La génération sexuelle n'eut lieu que plus tard. Hippolyte, *Ref.*, I, 9. Περὶ δὲ τῶν ζῴων φησίν, ὅτι θερμαινομένης τῆς γῆς,... ἀνεφαίνετο τά τε ἄλλα ζῷα πολλὰ καὶ ἀνόμοια πάντα τὴν αὐτὴν δίαιταν, ἔχοντα ἐκ τῆς ἰλύος τρεφόμενα, ἦν δὲ ὀλιγοχρόνια· ὕστερον δὲ αὐτοῖς καὶ ἡ ἐξ ἀλλήλων γένεσις ἀνέστη.
(3) *Fragm.* 6. Ἅτε ὤν πολυτρόπου ἐούσης τῆς ἑτεροιώσιος πολύτροπα καὶ τὰ ζῷα καὶ πολλά, καὶ οὔτε ἰδέην ἀλλήλοισι ἐοικότα οὔτε δίαιταν οὔτε νόησιν ὑπὸ τοῦ πλήθεος τῶν ἑτεροιωσίων. Ὅμως δὲ πάντα τῷ αὐτῷ καὶ ζῇ καὶ ὁρᾷ καὶ ἀκούει, καὶ τὴν ἄλλην νόησιν ἔχει ὑπὸ [ἀπὸ] τοῦ αὐτοῦ πάντα.

tation, déjà clairement indiqué chez ANAXIMANDRE et chez EMPÉDOCLE, ils ne sont pas dans les fragments connus de DIOGÈNE.

Cette unité de la matière première est pour DIOGÈNE la raison suffisante de toute transformation ou évolution des êtres vivants. Les mots grecs ἑτεροίωσις, ἑτεροιοῦσθαι, exprimant le changement, la variation et la transformation naturelle des choses, n'ont guère été appréciés jusqu'ici comme ils doivent l'être depuis que des conceptions du même ordre forment, avec celles d'évolution ou de développement interne par variation, le fondement même de toute notre philosophie de la nature, c'est-à-dire depuis le XVIIIe siècle. Les Hellènes ont certainement possédé une notion analogue; ils l'ont exprimée entre autres par les mots sur le sens desquels nous insistons ici à propos des textes de DIOGÈNE d'Apollonie. Mais le concept de transformation, bien plus encore que le mot, a été l'idée mère de toutes les cosmologies des physiciens de l'Ionie. Ils n'ont pas eu en réalité d'autre explication de la nature et de la vie, puisque tout ce qui existe sort éternellement du seul Être vivant, infini dans l'espace comme dans la durée, et n'est qu'un mode incessamment varié et fugitif de la substance, seule identique à elle-même sous ses transformations. DIOGÈNE d'Apollonie résume ainsi cette conception des choses, qui est toute la physique du système du monde de ses devanciers: « Tout se forme du même par transformation et est au fond le même; c'est l'évidence. Si, en effet, les choses qui existent maintenant dans cet univers, la terre, l'eau, et toutes les autres choses qui nous apparaissent dans le monde, si de ces choses l'une était différente de l'autre par sa nature, et si, à travers les modes nombreux de leurs changements et variations elles n'étaient le même être, elles ne pourraient ni se mélanger entre elles ni se venir en aide ou se nuire réciproquement (1). » Ces deux dernières expressions correspondent à l'idée que l'on rendit couramment plus tard par les mots ποιεῖν et πάσχειν, comme cela ressort manifestement de ce passage d'Aristote : « Diogène s'exprime fort bien lorsqu'il dit que si *toutes* choses ne provenaient pas d'*un* même principe, il serait impossible qu'elles pussent agir et souffrir réciproquement (2) ». La preuve de l'unité de substance, Diogène la trouve dans le fait d'observation de l'assimilation des matières du sol par les végétaux et, selon Simplicius, par celle des végétaux par les animaux. Or on voit les plantes se nourrir de la substance de la terre et les animaux se nourrir des végétaux. La grande idée d'où est sorti le livre célèbre de Moleschott est en germe dans cette pensée de Diogène d'Apollonie (3). Voici les termes mêmes de Diogène : « Ni le végétal ne pourrait naître de la terre ni l'animal ni quoi que ce soit ne pourrait exister, s'il n'était point dans la nature qu'ils fussent essentiellement le même. Mais toutes ces choses, quelles que soient les apparences

---

(1) Diogène d'Apollonie, *Fragm.* 2. Ἐμοὶ δὲ δοκέει, τὸ μὲν ξύμπαν εἰπεῖν, πάντα τὰ ἐόντα ἀπὸ τοῦ αὐτοῦ ἑτεροιοῦσθαι καὶ τὸ αὐτὸ εἶναι· καὶ τοῦτο εὔδηλον. Εἰ γὰρ τὰ ἐν τῷδε τῷ κόσμῳ ἐόντα νῦν γῆ καὶ ὕδωρ καὶ τἆλλα ὅσα φαίνεται ἐν τῷδε τῷ κόσμῳ ἐόντα, εἰ τουτέων τε ἦν τὸ ἕτερον τοῦ ἑτέρου ἕτερον ἐὸν τῇ ἰδίῃ φύσει, καὶ μὴ τὸ αὐτὸ ἐὸν μετέπιπτε πολλαχῶς καὶ ἡτεροιοῦτο, οὐδ' ἂν οὔτε μίσγεσθαι ἀλλήλοισι ἠδύνατο οὔτε ὠφέλησις τῷ ἑτέρῳ οὔτε βλάβη εἶναι.

(2) Aristote, *De gener. et corrupt.*, I, vi, 3. Καὶ τοῦτ' ὀρθῶς λέγει Διογένης, ὅτι εἰ μὴ ἐξ ἑνὸς ἦν ἅπαντα, οὐκ ἂν ἦν τὸ ποιεῖν καὶ τὸ πάσχειν ὑπ' ἀλλήλων...

(3) J. Moleschott, *Der Kreislauf des Lebens.* Mainz, 1852.

variées qu'elles revêtent, dérivent par transformation du même et retournent au même (1) ».

Ce qui est vrai du corps est vrai de l'intelligence ; car toute distinction de la matière et de l'esprit est illusion dans l'hylozoïsme. Quel que soit le nom de la matière première, puisqu'elle est *tout* ce qui existe, toute chose, à quelque degré, participe de sa nature, et c'est dans ce sens qu'il faut entendre ce que dit Diogène qu'« il y a bien des modes ou variétés d'air et d'intelligence ». Les différentes espèces d'air, on l'a vu, sont en même temps les différentes formes de pensée. La vie et la pensée sont produites, dans tous les êtres vivants, par l'air qu'ils respirent ; ce sont des propriétés de cette matière (2) : « Les hommes et les autres animaux qui respirent vivent de *l'air;* il est pour eux *l'âme* et *l'intelligence*, comme il est clairement expliqué dans ce livre ; et lorsque l'air se retire, ils meurent ; et l'intelligence les abandonne (3). »

Telles sont les paroles de Diogène. De même que l'air en général est susceptible de revêtir une variété infinie de formes, de même les âmes diffèrent entre elles comme les espèces et les individus auxquels elles appartiennent. Mais l'unité fondamentale

---

(1) Οὐδ' ἂν οὔτε φυτὸν ἐκ τῆς γῆς φῦναι οὔτε ζῷον οὔτε ἄλλο γενέσθαι οὐδέν, εἰ μὴ οὕτω συνίστατο ὥστε ταὐτὸ εἶναι· ἀλλὰ πάντα ταῦτα ἐκ τοῦ αὐτοῦ ἑτεροιούμενα ἄλλοτε ἀλλοῖα γίνεται καὶ ἐς τὸ αὐτὸ ἀναχωρέει. *Fragm.* 2.

(2) Archélaus se représentait aussi l'intelligence comme liée à l'air que nous respirons, d'après une conjecture de Zeller ; Archélaus aurait regardé l'air comme animé, vivant, intelligent, bref, comme la matière première. Cf. Ed. Zeller, I, 220.

(3) Diogène d'Apollonie, *Fragm.* 5. Ἄνθρωποι γὰρ καὶ τὰ ἄλλα ζῷα ἀναπνέοντα ζώει τῷ ἀέρι καὶ τοῦτο αὐτοῖσι καὶ ψυχή ἐστι καὶ νόησις, ὡς δεδήλωται ἐν τῇδε τῇ συγγραφῇ ἐμφανέως, καὶ ἐὰν τοῦτο ἀπαλλαχθῇ, ἀποθνήσκει καὶ ἡ νόησις ἐπιλείπει.

de la matière première implique celle de l'âme et de l'intelligence. Le principe de l'unité de l'esprit et de la matière a donc ses racines dans l'ancienne physique ionienne. C'est le même élément, en effet, qui est l'âme de tous les animaux, c'est-à-dire l'air, air plus chaud que celui dans lequel nous sommes plongés, mais beaucoup plus froid que l'air qui environne le soleil : καὶ ἀπάντων τῶν ζώων δὲ ἡ ψυχὴ τὸ αὐτό ἐστι, ἀὴρ θερμότερος μὲν τοῦ ἔξω, ἐν ᾧ εἰμεν, τοῦ μέντοι παρὰ τῷ ἡλίῳ πολλὸν ψυχρότερος (1). Cette chaleur n'est la même chez aucun des animaux ; elle diffère de même chez chaque homme, si on compare l'un à l'autre, non beaucoup à la vérité, mais de façon à être approchante sans être tout à fait semblable (2).

Et Diogène d'Apollonie ajoute ces mots d'une grande profondeur : « Aucune des choses soumises au changement ne peut en effet différer d'une autre avant de lui avoir été semblable » : οὐδὲν δ'οἷόν τε γενέσθαι τῶν ἑτεροιουμένων ἕτερον ἑτέρου, πρὶν τὸ αὐτὸ γένηται. Car toutes les choses ont été identiques de nature, c'est-à-dire ont été de l'air, avant d'être devenues différentes par le changement ou les transformations de cette matière. Aussi Diogène attribuait-il aux métaux et aux minéraux, comme aux plantes et aux animaux, une fonction analogue à la respiration ; il admettait qu'ils absorbent et exhalent des vapeurs humides, les uns davantage, les autres moins, mais surtout, parmi les substances ductiles, le fer et le cuivre. Les deux moments constituant l'acte de la respiration aérienne, l'inspiration et

(1) *Fragm.* 6.
(2) *Ibid.* ὅμοιον δὲ τοῦτο τὸ θερμὸν οὐδενὸς τῶν ζώων ἐστί, ἐπεὶ οὐδὲ τῶν ἀνθρώπων ἀλλήλοισι, ἀλλὰ διαφέρει, μέγα μὲν οὔ, ἀλλ' ὥστε παραπλήσια εἶναι, οὐ μέντοι ἀτρεκέως γε ὅμοιόν γ' ἐόν.

l'expiration, sont nettement indiqués pour le fer comme pour la pierre d'aimant : ἕλκειν τὸ ὑγρὸν τὸ ἀπὸ τοῦ παρακειμένου ἀέρος ἢ ἀφιέναι (1).

Puisque la *vie* et l'*intelligence* sont bien, pour Diogène d'Apollonie, des propriétés immanentes de l'air, les sensations n'ont point, naturellement, d'autre

---

(1) ALEXANDRI APHRODISIENSIS *praeter commentaria scripta minora. Quæstiones...* ed. Ivo Bruns, *Supplem. aristotelicum*, II. P. II. ALEXANDRI *scripta minora reliqua. Berolini*, 1892. II, XXIII, 72. Περὶ τῆς Ἡρακλείας λίθου, διὰ τί ἕλκει τὸν σίδηρον· Après avoir exposé les théories explicatives de ce phénomène, présentées par EMPÉDOCLE et par DÉMOCRITE, ALEXANDRE d'Aphrodisias expose celle de DIOGÈNE d'Apollonie : Πάντα τὰ ἐλατά φησιν καὶ ἀφιέναι τινὰ ἰκμάδα ἀφ' αὐτῶν πεφυκέναι καὶ ἕλκειν ἔξωθεν, τὰ μὲν πλείω, τὰ δὲ ἐλάττω, πλείστην δὲ ἀφιέναι χαλκόν τε καὶ σίδηρον... τοῦ σιδήρου ἕλκοντός τε καὶ πλεῖον ἀφιέντος ὑγρὸν τὴν λίθον οὖσαν ἀραιοτέραν τοῦ σιδήρου καὶ γεωδεστέραν πλεῖον ἕλκειν τὸ ὑγρὸν τὸ ἀπὸ τοῦ παρακειμένου ἀέρος ἢ ἀφιέναι. ALEXANDRE recherche et discute ensuite la nature du phénomène en vertu duquel la pierre d'aimant attire le fer, et uniquement le fer, suivant lui (τίς ὁ τῆς ὁλκῆς τρόπος... ἡ δὲ λίθος τὸν σίδηρον μόνον. sans changement d'état de ce métal, ce qui n'a pas lieu dans l'attraction de l'eau par le soleil, par exemple : ὁ ἥλιος τὸ ὕδωρ.) οὐχ ὡς ἡ λίθος· οὐ γὰρ μεταβάλλει τὸν σίδηρον. Le fer est attiré vers cette pierre sans que celle-ci l'attire par force vers elle, mais bien par suite de ce qui manque au fer et que la pierre, elle, possède; « il semble en effet que cette pierre est de la nature du fer. » Car ce ne sont pas seulement les êtres qui possèdent de la sensibilité et les êtres animés, vivants, qui tendent vers ce qui est conforme à leur nature, conclut ALEXANDRE d'Aphrodisias, mais aussi un grand nombre d'êtres inanimés, οὕτως καὶ ὁ σίδηρος ἐπὶ τὴν λίθον φέρεται, οὐχ ἕλκουσαν αὐτὸν βίᾳ πρὸς ἑαυτήν, ἀλλ' ἐφέσει τούτου οὗ ἐνδεὴς μέν ἐστιν αὐτός, ἔχει δ' αὐτὸ ἡ λίθος. δοκεῖ γὰρ καὶ ἡ λίθος σιδηρῖτις εἶναι... οὐ μόνον γὰρ τὰ αἴσθησιν ἔχοντα καὶ τὰ ἔμψυχα ἐφίεται τοῦ κατὰ φύσιν ἑαυτοῖς, ἀλλ' οὕτω πολλὰ καὶ τῶν ἀψύχων ἔχει. Il est difficile d'imaginer une formule plus nette, et, au fond, plus exacte, de la doctrine même de l'hylozoïsme antique, chez les épigones d'ARISTOTE, philosophe aussi opposé à cette doctrine, dans l'antiquité, que l'a été KANT, dans les temps modernes. Cf. IMM. KANT's *Metaphysische Anfangsgründe der Naturwissenschaft. Mechanik.* Sämmtl. Werke, Leipzg, 1867, IV, 439-440. « *Der Tod aller Naturphilosophie wäre der Hylozoismus.* »

principe, et THÉOPHRASTE compte ce naturaliste au nombre de ceux qui expliquent la connaissance par l'action du semblable sur le semblable (1).

Car, écrit le disciple d'ARISTOTE, presque dans les mêmes termes que son maître, si tout ne dérivait pas d'un principe unique, il serait impossible que les choses pussent agir les unes sur les autres et éprouver les effets de cette action : οὐδὲ γὰρ τὸ ποιεῖν εἶναι καὶ πάσχειν εἰ μὴ πάντα ἦν ἐξ ἑνός. La substance de « l'âme » provient en partie de l'air contenu dans la semence (DIOGÈNE avait noté que la semence des animaux était « aérée » comme l'écume) (2), en partie de l'air qui pénètre dans les poumons après la naissance (3).

Les animaux naissent en réalité « inanimés », ἄψυχα; ils ne sont pas toutefois dénués de chaleur, et c'est sous l'influence de la chaleur vivifiante du corps de la mère que les fœtus mâles sont formés à quatre mois, les fœtus femelles à cinq mois (4). Mais c'est de l'air extérieur qu'ils attirent dans les poumons après être sortis de leur mère que provient surtout l'âme des nouveau-nés. L'âme des animaux est par excellence un air chaud et sec, ἀὴρ θερμότερος μὲν τοῦ ἔξω ἐν ᾧ εἰμεν, qui coule dans les veines avec le sang. Cette sorte d'air vital, mêlé au sang et circulant avec lui, anime le corps entier. C'est à cet ordre de considérations qu'on doit la description anatomique, digne

(1) THÉOPHR., *De sensu*, 39. Διογένης δὲ, ὥσπερ τὸ ζῆν καὶ φρονεῖν τῷ ἀέρι καὶ τὰς αἰσθήσεις ἀνάπτει, διὸ καὶ δόξειεν ἂν τῷ ὁμοίῳ ποιεῖν.
(2) SIMPLICIUS, *Phys.*, 33. Καὶ ἐφεξῆς δείκνυσιν, ὅτι καὶ τὸ σπέρμα τῶν ζώων πνευματῶδές ἐστι.
(3) Plac., V, 15, 4.
(4) CENSORINUS, 9, *Diogenes Apolloniates qui masculis corpus ait quatuor mensibus formari et feminis quinque.*]

de l'époque de Démocrite, qu'a donnée du système veineux Diogène d'Apollonie, description venue jusqu'à nous.

Aristote, en son *Histoire des animaux*, nous a en effet conservé ce précieux document. Le ventricule gauche du cœur, l'aorte, la carotide, le pouls y sont déjà indiqués ; il y est question des vaisseaux de la tête et de la moelle épinière. Voici cette description, détaillée et précise pour le temps, du système cardio-vasculaire.

« Telle est la disposition des veines (αἱ φλέϐες) dans l'homme : il y en a deux grosses ; elles traversent le ventre le long de l'épine du dos, l'une à droite, l'autre à gauche ; chacune d'elles descend d'une part dans la cuisse qui lui correspond ; vers le haut elles montent à la tête en passant près des clavicules et traversent la gorge. Ces deux veines distribuent des rameaux dans tout le corps, celle qui est à droite dans le côté droit, celle qui est à gauche dans le côté gauche. Deux très grandes veines se rendent au cœur près de l'épine du dos. Deux autres veines, qui se trouvent un peu plus haut, traversent la poitrine, et, passant sous l'aisselle, vont chacune à celle des mains qui est de son côté. L'une s'appelle la *splénique*, l'autre l'*hépatique*. Leur extrémité se divise : une partie est destinée au pouce, l'autre au poignet ; et de là naissent une multitude de petites veines qui se distribuent dans toute la main et les doigts. D'autres rameaux plus faibles sortent des premières veines ; ceux qui partent de la veine droite vont au *foie*, ceux qui partent de la veine gauche à la *rate* et aux *reins*. Les veines destinées aux extrémités inférieures se partagent vers l'endroit où ces parties s'attachent au tronc, et elles se répandent dans toute la cuisse. Le rameau le plus fort descend derrière la cuisse où sa grosseur est sensible, l'autre rameau descend en dedans de la cuisse, et a un peu moins de grosseur. De là ils passent l'un et l'autre, le long du genou, à la jambe et aux pieds, de même que les rameaux supérieurs se portent aux mains, et, parvenus au cou-de-pied, ils se distribuent aux orteils. Des principales veines il en naît un grand nombre de petites qui se répandent sur le ventre et sur la région des côtes.

« On voit saillir au col les veines qui se portent à la tête (αἱ δ' εἰς τὴν κεφαλὴν τείνουσαι) en traversant la gorge ; deux vaisseaux se terminent de chaque côté auprès de l'*oreille* ; à son extrémité, chaque veine se divise en une multitude d'autres, qui vont à la *tête* en se portant, celles de la droite à gauche, et celles de la gauche à droite. Il passe dans le cou une autre veine, de chaque côté, le long de la grosse, mais qui est un peu moins considérable ; la plupart des *veines de la tête* viennent s'y réunir ; elles rentrent en dedans par le cou et chacune donne naissance à d'autres qui passent sous l'omoplate et descendent aux mains. On les distingue facilement de la *splénique* et de l'*hépatique*, dont elles suivent le cours, parce qu'elles ont un volume un peu moins considérable. On ouvre ces veines dans les douleurs qui se font sentir sous la peau ; mais dans celles qui affectent la région de l'estomac, on ouvre la splénique et l'hépatique. Ces dernières veines fournissent des rameaux aux mamelles ; d'autres rameaux plus faibles, partant de chacune de ces deux branches et traversant la *moelle épinière* (διὰ τοῦ νωτιαίου μυελοῦ), vont aux testicules. D'autres, qui passent sous la peau, traversent les chairs et vont aux reins ; elles se terminent aux testicules dans les hommes, à l'utérus chez les femmes. Les premières sont plus larges au moment où elles sortent du ventre, elles diminuent ensuite, jusqu'à ce qu'elles se croisent pour passer d'un côté à l'autre : on les appelle veines *spermatiques*. La partie la plus épaisse du sang est absorbée par les chairs ; ce qui en reste et va se rendre aux différents endroits indiqués est un sang subtil, chaud, écumeux (1). »

Où était, pour DIOGÈNE d'Apollonie, le « siège de l'âme » ? On lit bien, dans les *Placita*, qu'il avait situé l'ἡγεμονικόν dans le ventricule artériel, ou ventricule gauche du cœur (2). Mais cette localisation ne convient que pour celle du siège principal de l'air vivifiant dans le corps, air qui par les veines arrivait dans ce ventricule. On ne saurait compter en effet DIOGÈNE parmi ceux qui, à l'instar d'EMPÉDOCLE, d'ARISTOTE et des Stoïciens, ont considéré le sang, les cavités du cœur, et même le péricarde, comme l'organe de l'intelligence. Certes, l'âme ne saurait avoir de vie indépendante de celle de l'air qui circule, plus ou moins pur, dans le sang irriguant tous les organes du corps ; elle s'alimente de l'air que le sang lui apporte constamment ; sinon, elle sommeille, s'alanguit ou meurt. Ainsi, lorsque le sang

(1) ARISTOTE, *De anim. hist.*, III, II. Cf. ARISTOTELES, *Thierkunde*, von H. AUBERT u. FR. WIMMER, I, 313-317, et II, fig. 4. L'exposition du trajet et de la distribution des veines est, chez DIOGÈNE d'Apollonie, incomparablement plus rapprochée de la vérité que celle de SYENNESIS, qu'on lit également dans ARISTOTE. Les principaux vaisseaux de la grande circulation y sont décrits, ainsi que leurs rapports avec le cœur, et on peut y voir déjà une indication de la distinction des artères et des veines. C'est bien plus à cette description de DIOGÈNE d'Apollonie qu'à celle de POLYBE, que se rattache l'exposition d'ARISTOTE.

(2) *Plac.* IV, v, 7. Διογένης, ἐν τῇ ἀρτηριακῇ κοιλίᾳ τῆς καρδίας, ἥτις ἐστὶ καὶ πνευματική.

répandu dans les veines refoule l'air qui s'y trouve contenu dans la poitrine et dans l'abdomen, le sommeil (ὕπνος) arrive ; mais si tout l'air abandonne les veines, c'est la mort (1). Quant au siège de l'âme, Diogène d'Apollonie nous paraît bien plutôt être du nombre des naturalistes qui, avec Alcméon, Démocrite, Hippocrate et Platon, tiennent le cerveau ou l'encéphale pour le centre de cette fonction (2). Il ressort en effet nettement des textes de Théophraste que le cerveau (ἐγκέφαλος) était pour Diogène le siège des sensations, de l'odorat, de l'ouïe, de la vue, par l'intermédiaire de l'air ambiant.

L'olfaction a pour cause l'air qui environne le cerveau lui-même et ses veines, disait Diogène ; un certain rapport harmonique doit exister entre le degré de densité de l'air et la respiration, sinon la sensation de l'odorat fait défaut (3).

La *perception du son* a lieu lorsque l'air siégeant dans les oreilles, mis en vibration par l'événement extérieur, arrive au cerveau par une sorte de transmission du choc initial rappelant l'onde nerveuse (4).

Quant à la *vision*, elle résulte de la projection des images sur la pupille ; celle-ci, « mêlée à l'air intérieur », produit la sensation (5). Diogène en donnait pour preuve qu'une phlegmasie des veines de l'œil

---

(1) *Plac.* V, 23, 3. Ἐὰν δὲ ἄπαν τὸ ἀερῶδες ἐκ τῶν φλεβῶν ἐκλίπῃ, θάνατον τυγχάνειν.

(2) Théodoret, *Gr. affect. cur.*, V (Migne, t. 83, p. 933,), où toutefois Diogène n'est pas nommé.

(3) Théophr., *De sensu*, 39. Τὴν μὲν ὄσφρησιν τῷ περὶ τὸν ἐγκέφαλον ἀέρι· τοῦτον γὰρ ἄθρουν εἶναι καὶ σύμμετρον τῇ [ἀναπνοῇ] ἀκοῇ· τὸν ἐγκέφαλον αὐτὸν μόνον καὶ φλεβία.

(4) Id., *ibid.* Τὴν δ' ἀκοὴν ὅταν ὁ ἐν τοῖς ὠσὶν ἀὴρ κινηθεὶς ὑπὸ τοῦ ἔξω διαδοθῇ πρὸς τὸν ἐγκέφαλον.

(5) Id., *ib.* Τὴν δ' ὄψιν ὁρᾶν ἐμφαινομένων εἰς τὴν κόρην, ταύτην δὲ μιγνυμένην τῷ ἐντὸς ἀέρι ποιεῖν αἴσθησιν.

(φλεγμασία τῶν φλεβῶν) empêche, en troublant cette crase interne de l'air avec la pupille, la vue d'avoir lieu, encore que les images extérieures se reflètent sur la pupille.

Diogène rapportait donc le siège des sensations à l'air contenu dans le cerveau ; c'est bien cet « air intérieur » qui sent (ὁ ἐντὸς ἀὴρ αἰσθάνεται), comme il paraît l'avoir dit (1). C'est donc bien dans le *cerveau* que se trouvait pour Diogène le siège des sensations. Ajoutons qu'il semble avoir discuté sur les conditions morphologiques, anatomiques et physiologiques de l'acuité des sens, conditions où le calibre et l'état de réplétion des vaisseaux sanguins jouent constamment un rôle.

Le plaisir et la douleur dépendent, comme les émotions et les affections morales, la colère, etc., d'un mélange déterminé, en certaines proportions, de l'air et du sang. Il en est de même de la santé et de la maladie. Des sensations agréables, la langue est le meilleur juge (κριτικώτατον), parce que c'est l'organe où se distribuent le plus grand nombre de veines (2). Diogène aurait noté aussi que l'état de cet organe fournit maints indices propres au diagnostic des maladies. Autant la pensée est favorisée par un air chaud et sec, autant elle est troublée, et même empêchée, par des vapeurs humides (3). C'est pourquoi la pensée est particulièrement altérée dans le *sommeil*, dans l'*ivresse* et quand l'estomac est surchargé de nourriture. Les diverses affections mentales, le délire, la *folie*, sont également la suite de

---

(1) Id., *ib.*, 42.
(2) Théophr., *De sensu*, 43. Καὶ τὰς φλέβας ἁπάσας ἀνήκειν εἰς αὐτήν.
(3) Id., *ib.*, 44. Nous pensons par un air pur et sec, τῷ ἀέρι καθαρῷ καὶ ξηρῷ· κωλύειν γὰρ τὴν ἰκμάδα τὸν νοῦν, διὸ καὶ ἐν τοῖς ὕπνοις καὶ ἐν ταῖς μέθαις καὶ ἐν ταῖς πλησμοναῖς ἧττον φρονεῖν.

cette surabondance de l'humide et du dense sur le sec et le chaud (1). Diogène avait démontré la vérité de la doctrine touchant les propriétés contraires, pour l'intelligence, de l'air pur et chaud, opposé aux vapeurs humides et épaisses, en faisant remarquer que les animaux nous sont inférieurs quant à cette fonction, la pensée (διάνοιαν), parce qu'« ils respirent l'air s'élevant de la terre et se nourrissent d'une nourriture plus humide que celle de l'homme ». Les oiseaux, à la vérité, respirent un air pur. Mais ils possèdent, selon Diogène, une nature semblable à celle des poissons : l'air qu'ils respirent (τὸ πνεῦμα), au lieu de pénétrer par tout leur corps, s'arrête dans l'estomac; il en résulte que l'oiseau digère rapidement sa nourriture, mais qu'il est stupide (ἄφρον). Les végétaux (τὰ φυτά) qui ne sont ni creux ni capables de respirer sont, pour la même raison, absolument privés de pensée (2). C'est encore pour la même cause que l'homme lui-même, en sa première enfance, est un être stupide et dénué de raison (3). Durant tout cet âge, en effet, l'humide prédomine dans l'économie; l'air, confiné dans la poitrine, ne peut pénétrer et se répandre par tout le corps. C'est donc toujours, on le voit, à la circulation plus ou moins parfaite de l'air dans les vaisseaux que toute sensation, toute vie intellectuelle et morale, lorsque celle-ci existe, se ramènent, en dernière analyse, comme à leur condition organique.

La conception hylozoïste du monde et de la vie de Diogène d'Apollonie diffère radicalement de celle

---

(1) *Plac.* V, 20. Προσφερῶς δ' αὐτὰ διακεῖσθαι τοῖς μεμηνόσι παρεπταικότος τοῦ ἡγεμονικοῦ.

(2) A cet égard, on le voit, Diogène d'Apollonie était d'un autre sentiment qu'Empédocle, Démocrite et Anaxagore.

(3) Théophr. *De sensu*, 45. Τὰ παιδία ἄφρονα.

d'Empédocle et des atomistes. Les atomes fins, polis et ronds, semblables à ceux du feu, les atomes vitaux et psychiques de Leucippe et de Démocrite, ces atomes d'une mobilité extrême, parcourant incessamment tout le corps dans lequel ils entrent à chaque inspiration, et auquel ils procurent, avec le mouvement, la vie et la pensée — la pensée dans le cerveau, les émotions dans le cœur, le désir dans le foie — sont une variété de corpuscules matériels répandus dans l'univers entier, où ils suscitent partout, avec la chaleur, l'âme et l'intelligence. Mais quoiqu'il y eût bien des sortes d'air, et partant d'intelligence, selon Diogène d'Apollonie, c'était toujours un *même* principe élémentaire, *un* et identique en son essence, considéré comme capable par nature de sentir et de penser, qui constituait le substratum des sensations et de l'intelligence, à quelque degré que ces propriétés existassent dans les différents états de la matière. Le même élément, plus ou moins pur et chaud, plus ou moins humide ou froid, était plus ou moins capable de sentir et de penser, voilà tout. C'était là une propriété immanente des choses, de l'univers vivant, sentant et pensant.

La sensibilité et la pensée sont au contraire, pour les atomistes, un phénomène qui résulte de la nature géométrique de certains atomes dans leurs relations avec d'autres atomes; l'âme n'est qu'un cas spécial de la matière en mouvement; les *mouvements rationnels*, les processus de la sensibilité, de la pensée et de la volonté paraissent simplement réductibles, comme tous les autres mouvements, aux lois générales de la pesanteur, ou plutôt du choc et de la rencontre des atomes, d'ailleurs absolument dénués d'états internes, d'appétitions, de tendances, de sentiments, qui pourraient faire songer à des monades animées, et encore moins à ces grands principes du monde, l'eau de THALÈS, le feu d'HÉRACLITE, l'air d'ANAXIMÈNE et de DIOGÈNE d'Apollonie, principes matériels conçus comme sentant obscurément et pouvant s'élever, au cours de transformations sans commencement ni fin, aux degrés les plus divers d'intelligence dans les combinaisons ou mélanges fugitifs d'où sortent des êtres tels que l'homme et tant d'autres animaux, destinés, ainsi que toute faune et toute flore, à se dissoudre et à rentrer dans le cahos fécond, animé et vaguement conscient, de l'univers éternel et infini.

www.ingramcontent.com/pod-product-compliance
Lightning Source LLC
Chambersburg PA
CBHW060556050426
42451CB00011B/1931